DE L'ARRÊT

DE LA

COUR DES PAIRS

CONTRE LES AUTEURS

DE

L'ATTENTAT DU 13 SEPTEMBRE.

Paris,

IMPRIMERIE DE E. BRIÈRE, RUE SAINTE-ANNE, 55.

1842

DE L'ARRÊT

DE LA

COUR DES PAIRS

CONTRE LES AUTEURS

DE

L'ATTENTAT DU 13 SEPTEMBRE.

Lorsque retentit, il y a onze ans, dans toute l'Eupope la grande victoire de la Révolution de Juillet, l'esprit des nations, attentif à cette crise mémorable, salua avec enthousiasme le peuple français, car c'était pour le maintien de la Charte et la conservation des Lois que son sang venait de couler.

Le dépôt sacré de nos institutions fut confié à une dynastie nationale.

La royauté nouvelle commença sa tâche, et elle prêta un serment. La France pour laquelle le nom d'Orléans a été une garantie d'ordre, de justice, de liberté constitutionnelle, l'Europe pour laquelle cet auguste nom a été une garantie de paix, savent que ce serment a été religieusement tenu.

Mais ce n'était pas tout; même au sein des douceurs de la paix, il ne saurait y avoir en France un règne sans gloire, et cette gloire fait palpiter le cœur des Princes comme celui des autres citoyens.

Quelques circonstances se sont présentées, dignes de tenter le courage des jeunes rejetons de la dynastie nouvelle. Un Prince d'Orléans a toujours paru, chaque fois que le drapeau tricolore devait se trouver en face d'un ennemi.

Certes, le Prince royal, en prenant une part active aux travaux et à la gloire du siége d'Anvers, trouvait sa conduite toute simple et naturelle; mais l'opinion publique qui sait gré à un Prince de comprendre et de remplir tous ses devoirs, l'accueillit dèslors avec une sympathie qui l'accompagna plus tard sur la terre d'Afrique, au passage des Portes de fer, et à cette mémorable expédition du col de Mouzaïa qui a jeté un si noble éclat sur lui-même et sur ses compagnons d'armes.

Après le duc d'Orléans, le duc de Nemours brûlait de se couvrir de gloire: et, lui aussi, sur cette terre lointaine, il eut le bonheur de partager les fatigues et les périls du soldat ; et, lui aussi, il fut à son retour salué par les acclamations du peuple et de l'armée.

Le duc d'Aumale allait toucher à sa vingtième année ; dès qu'il put manier une épée, les lauriers de ses aînés tentèrent sa jeune ambition ; pouvait-il rester oisif lorsqu'il apprenait que son troisième frère, le prince de Joinville, sillonnait déjà les mers comme un marin expérimenté, et trouvait sous les murs de Saint-Jean-d'Ulloa, l'occasion de déployer aussi son courage ? Le duc d'Aumale aspire donc à son tour au baptême du feu. Il marche vers le champ de bataille, se fait adopter comme un frère par nos soldats d'Afrique, prend le commandement du 17ᵉ léger, et se montre digne de cet honneur. Il revenait en France, partout fêté, partout applaudi sur son passage, et reportant à son régiment tous les hommages, tous les éloges, heureux qu'il etait de l'acrueil flatteur que recèvaient ses frères d'armes ; et si un orateur illustre lui rappelait ses devoirs de prince, alors seulement il agréait pour lui-même les conseils patriotiques qui lui étaient donnés, et portant la main à son cœur, il disait avec effusion à M. de Lamartine : « Monsieur, c'est-là que resteront gravées les

« belles paroles que vous venez de m'adres-
« ser. »

La sympathie la plus vive et la plus tou-
chante existe donc entre ces Princes qui
ont si bien compris la France, et le pays
qui se montre si fier de les avoir adoptés.

Le 17e léger faisait à Paris son entrée solen-
nelle. Le jeune colonel s'avançait au mi-
lieu de ses deux frères, à la tête de son régiment ; c'était une fête de famille où se con-
fondaient les vœux du peuple et de l'armée, lorsque soudain une détonation se fait
entendre, un nuage de fumée s'élève, un
homme va fuir, le peuple se précipite et l'arrête... Cet homme est un assassin !

On se regarde, on s'étonne ; l'indignation
est à son comble, mais la surprise est plus
grande encore. Que voulait ce misérable ?
donner la mort au duc d'Aumale ? la mort,
à un prince de dix-neuf ans ! la mort, à un
jeune homme qui ne connaît encore que
sa famille et son drapeau ! parce que l'opinion sourit à sa première campagne ! parce
que la France applaudit à sa gloire naissante,
parce qu'il est du sang de ces princes que
le peuple a placés sur le trône, et qui croient
que servir la France et la défendre est leur
premier devoir ! Quelle frénésie a pu inspi-

rer un tel crime? quelle féroce stupidité a pu en essayer l'exécution?... la foule était exaspérée, le meurtrier allait être mis en pièces, et ses complices eux-mêmes se réjouissaient déjà sans doute de son danger, car sa mort allait assurer leur secret..: l'autorité survient, arrache le coupable aux transports de l'indignation publique, Quénisset est arrêté; il se trouve seul alors, méconnu, renié par ceux qui l'ont poussé au crime. Son affreuse situation se révele, mais trop tard, à ses yeux; le voile qui les couvrait se dechire. Il se voit meurtrier, assassin, abandonné par les lâches qui lui ont suscité le crime. La fureur fait bouillonner son sang, il révèle tout.

Le crime exécuté par lui avait été prémédité avec d'autres. Une société secrète existe qui reçoit des sermens, dicte des arrêts de mort, et, sous le nom de *Communistes* ou d'*Egalitaires*, organise contre le puissant, contre le riche, contre le propriétaire, un odieux complot, un plan bien arrêté de pillage et d'assassinat.

Cette société, toute obscure et immorale qu'elle est, a des ramifications nombreuses. Partout où quelques troubles sont excités en France, on voit paraître comme sortant de leur repaire quelques visages sinistres qui portent dans leurs traits, dans leur voix, l'impudente audace du crime , et dont les agitateurs eux-mêmes sont épouvantés. Des troubles éclatent-ils à Toulouse? un Préfet est mis en fuite; une troupe infâme va fouiller la maison d'un Procureur-général. A Clermont, une agitation commence-t-elle? des furieux la transforment en une guerre implacable.Le premier magistrat de la ville, le Maire, homme respectable et populaire , est insulté par ces misérables; on lui arrache sa croix d'honneur, on incendie sa maison, les octrois sont envahis, les barrières sont brûlées. Dans le comtat d'Avignon , dans la Provence, les sociétés secrètes se sont propagées, et les hommes suspects que l'on arrête paraissent si évidemment coupables aux yeux du jury que sur cinquante-quatre accusés déférés par l'autorité à sa justice, cinquante-un sont frappés par une condamnation: partout la pensée des factieux peut se traduire par cette exclamation dont les rues de Clermont retentissaient : « *A bas les riches!* » mots énergiques et d'une épouvantable clarté, qui indiquent trop bien le but des factieux.

Oui, *à bas les riches* ! voilà la seule opinion

de ces hommes; c'est l'envie du pillage, c'est la basse jalousie dirigée contre tout ce qui possède. Seulement, comme le vol et le meurtre ont répugné aux masses, et que c'est elles qu'il faut séduire, le nom des choses a été changé. Il n'y aura plus désormais de crime dans le langage des initiés. Commet-on un meurtre? on n'est pas assassin, on est *égalitaire*; et celui que l'on frappa était un prince, ou un grand, ou un riche. Commet-on un vol? on n'est pas voleur, on est *communiste*, car nous sommes arrivés à cette glorieuse époque où tous les biens doivent être communs; et qu'importe que l'on enlève dès aujourd'hui à tel propriétaire une partie de sa fortune, puisqu'il doit la porter tout entière à la masse, dès que le système communiste triomphera.

Pour arriver à leur but criminel, en le déguisant sous l'apparence d'un système ou d'une théorie, ces hommes ont inventé une législation nouvelle, et ils ont, du premier coup, supprimé le *mariage* et l'*héritage*, comme étant des abus dans les sociétés modernes. Plus de mariage, car les mœurs honnêtes les gênent, et la debauche se concilie mieux avec leur système de liberté. Plus d'héritage, afin d'empêcher le fils de possé-

des le bien de son père, comme si le vœu le
plus naturel et le plus moral, non seulement
pour le propriétaire, mais pour l'ouvrier
sage et économe, n'était pas de léguer à
ses enfans le fruit de ses travaux, pour leur
laisser un souvenir de sa tendresse plus encore que de son esprit d'ordre et de morali-
té !

Mais, grâce à Dieu, ces detestables prin-
cipes ont trouvé, dans le sein même du peuple, deux classes d'adversaires également
redoutables : le père de famille qui ne veut
pas voir des vagabonds profiter de ce qu'il
a acquis pour ses enfans, et la femme honnête, la bonne épouse, la mère tendre et
alarmée, dont les conseils éloigneront toujours un mari, un fils, un frère de ces in-
fluences pernicieuses qu'ils trouvent au cabaret, et qui ne sont jamais à craindre au
sein de la famille.

Quel égarement a donc poussé ces hommes
dans les voies d'une immoralité si profonde?
Est-ce l'oppression, le despotisme qui les a
poussés à la résistance? qui donc est opprimé
aujourd'hui? Chacun ne peut-il pas en paix
et en liberté cultiver son industrie et gagner
le pain de sa famille? que veulent-ils donc?
une meilleure répartition du travail? mais

qui donc manque d'ouvrage? n'y en a-t-il pas toujours pour l'homme capable et laborieux? Ce que devait le gouvernement, ce que devait la loi c'était d'établir dans toutes les carrières une concurrence pleine, entière qui permette à l'ouvrier de succéder au maître et à l'homme intelligent de tout essayer et d'arriver à tout. Quelle répartition du travail vaudrait cet avantage de la concurrence, si indispensable avec nos mœurs de progrès et de liberté?

Serait-ce la misère qui aurait armé le bras de ces malheureux? Où sont-ils ceux de leurs parens qui gémissent dans la misère? où sont-ils leurs enfans qui demandent du pain? Rien de tout cela n'existe; au contraire, tout ce que l'on voit ici, ce sont des réunions innombrables chez le marchand de vin. C'est au cabaret que l'on s'assemble, que l'on fraternise, que l'on conspire; c'est au cabaret que se tiennent les conciliabules secrets. Aucun des accusés n'a allégué sa misère, et la défense, au lieu de l'alléguer, a dû rejeter sur l'excès du vin et des liqueurs fortes la faiblesse et l'abrutissement qui ont égaré ces hommes.

Non, ce n'est ni le malheur, ni le désespoir, ni le défaut d'ouvrage, ni la misère,

qui ont égaré ces malheureux. Les prétex-
tes même manquent aujourd'hui pour ex-
cuser la révolte, car jamais aucun gouvernement ne montra plus de sollicitude que
le nôtre pour le pauvre. Enfant, n'est-il pas
admis dans des salles d'asile où il oublie la
rigueur d'une rude saison? ignorant, ne voit-
il pas s'ouvrir pour lui l'école primaire où
l'autorité s'occupe de son instruction comme
le ferait une intelligente famille? Ouvrier
laborieux, il jouit de la libre concurrence ;
artiste habile, il voit se multiplier autour de
lui une foule de cours utiles et gratuits qui
tendent à le perfectionner dans son art. A
chaque pas, s'il est honnête, il trouve des
secours qui le protègent, des maîtres bien-
veillans qui le guident, des travaux qui lui
assurent un bénéfice certain. De bonne foi,
que peut faire de plus le gouvernement, et,
la main sur la conscience, qui oserait l'ac-
cuser sans rougir ?

En voyant ces mœurs féroces, ces préju-
gés sanglans s'emparer de quelques imagi-
nations populaires, la justice a dù remonter
à la source du mal, et se demander d'où
provenait cette dépravation des esprits. Ce
que croient les ouvriers, c'est ce qu'on leur
lit, ce qu'on leur enseigne. Voilà ce qui

exalte les malheureux. Voilà ce qui les pousse dans l'abîme. Voilà la véritable source du mal. Les juges n'ont pu s'y méprendre. Que doit faire le gouvernement? Il doit résister à ce torrent d'attaques avec le calme et la force que lui donne son droit. Que fera la population paisible et honnête? Elle se défiera des piéges que l'esprit de parti cherche à lui tendre. Elle se dira, cette population qui raisonne, que nous vivons sous une monarchie constitutionnelle, la plus libre, la plus paternelle qui fut jamais; qu'il n'y a pas lieu de se cacher dans l'ombre des sociétés secrètes, lorsque, grâce à nos libertés, on peut tout faire et tout dire en respectant l'ordre et les lois. Concurrence, travail, prévoyance sociale, instruction pour le pauvre comme pour le riche, voilà ce que le peuple a droit d'attendre, et sous tous ces rapports ses vœux légitimes sont satisfaits. Il n'est personne en France qui ne puisse arriver par son travail à la fortune, et même aux dignités de l'état. Ces honneurs que Napoléon distribuait sur les champs de bataille, on peut les conquérir dans la carrière des sciences, des arts, du commerce, de l'industrie qui ne coûtent point de sang, et qui rendent les peuples heureux. Ce n'est point

dans des sociétés criminelles , ni à des ren-
dez-vous chez les marchands de vin que se
reconnaissent ces incontestables vérités;
mais c'est dans la maison de l'honnête ouvrier, au sein de sa famille, là où les conseils d'un père respectable , d'une bonne
mère, d'une épouse chérie exercent sur lui
la plus douce et la plus morale des influen-
ces. Évitons donc les pièges perfides ; et
pour n'y jamais tomber, livrons nos cœurs
à trois puissances, les premières sur la terre
après Dieu : LA PATRIE , LA FAMILLE, et
LA LOI !...

La clémence du Roi, facilement provo-
quée par la noble générosité des Princes ,
vient de s'étendre encore sur les coupables.
Puisse cet acte de pardon si magnanime
désarmer enfin de criminelles passions ! Les
solennels débats de la cour des Pairs ont
été pleins d'enseignemens. Puissent tous les
hommes égarés dans la route qui mène au
crime, être enfin éclairés sur leur propre
situation et touchés d'un salutaire repentir.
Qu'ils soient bien convaincus d'une chose,
c'est que la justice du pays veille incessam
ment, et que les espérances des factions ne
pourront jamais se réaliser !

Dieu , qui protège la France, a placé la

dynastie d'Orléans sur le trône , pour terminer enfin le cours sanglant des révolutions. Cette dynastie est réservée à un grand avenir. Elle restera impérissable devant les projets de ses ennemis, quels qu'ils soient, comme elle a été préservée miraculeusement sous les coups du crime, et contre des attentats dont le terme, nous le croyons, est enfin venu.

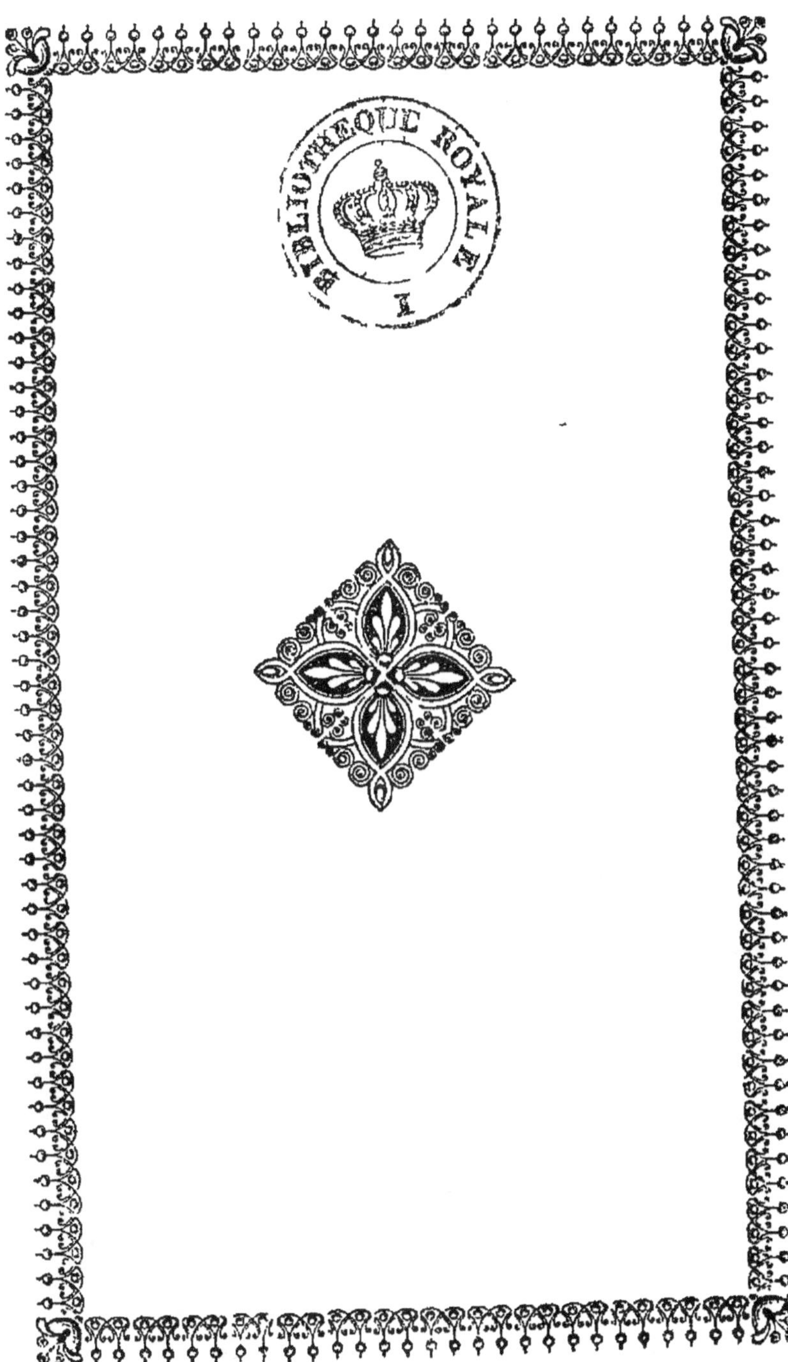